**CÍRCULO
DE POEMAS**

O clarão das frestas
Dez lições de haicai encontradas na rua

Felipe Moreno

1. Lições de haicai para dias que explodem. De origem japonesa e influência zen, haicai é a poesia de três versos que, há mais de cem anos, aportou no Brasil e, de lá para cá, prolifera-se, transforma-se. Seu sentido de ser, no entanto, segue intocável: haicai é o sutilíssimo espanto diante de todo e qualquer fenômeno — com preferência aos diminutos e corriqueiros. Haicai: pedrisco que brilha, centelha, chispa. Encontrá-lo na sordidez do meio-fio urbano não é, exatamente, subverter sua tradição bucólica, mas expandir seu escopo, adicionar mais ingredientes, misturar sabores. Pois não importa se ambientado na floresta ou no asfalto, haicai é suspiro de uma experiência de assombro, escrita do olhar que sempre vê pela primeira vez, mínimo encanto encapsulado.

§ Os haicais surgem com mais vida cedo da manhã, logo quando me levanto. Às vezes nos quinze minutos de crepúsculo, quando faço uma pausa das atividades. Ou no fim do dia, minutos antes de me deitar. No agito da tarde, meus haicais adormecem. E vêm à tona assim que me permito entrar em tal estado de consciência afinado — o mesmo estado de consciência de quando tentamos passar a linha pelo estreito buraco da agulha.

§ Acho que é isso mesmo: fermentamos haicais quando corpo e mente se esforçam para passar a linha pelo estreito buraco da agulha.

§ Todo haicai deve ser, necessariamente, anticapitalista. Impossível imaginar um haicai que celebre qualquer aspecto da filosofia liberal e da sociedade de mercado. No entanto, haicai é água: flui, permeia, vaza. Por isso é capaz de abarcar a realidade do mundo industrial (e pós-industrial) e exercer sua plenitude poética até mesmo no seio — e através dos meios — da sociedade neoliberal. Haicai é água.

§ Na era da sexta extinção em massa, o *kigô* (elemento do haicai tradicional que, em algum dos três versos, faz menção, direta ou indiretamente, à estação do ano), junto com o clima do planeta, se desequilibra, convulsiona, torna-se, com mais facilidade e frequência, evento extremo. A indesejada era dos *kigôs* acalorados, intempestivos, agressivos.

§ O legado da tradição do haicai no Antropoceno será o de apontar para as aberrações e desastres humanos, sem se ressentir. Apontar o erro de rota, o equívoco da cosmovisão antropocêntrica, através da imagem da flor escassa, do inseto em solidão, do verão flamejante.

§ Não ressentir não implica consentir: o haicai no Antropoceno também deve denunciar os crimes e mazelas desta civilização humanocentrada, adoecida até os nervos.

§ A base espiritualizante do haicai, que sugere o desprendimento da fantasia de uma identidade autocentrada, a fim de se abrir à corajosa e terna experiência da diluição no mundo, é, ela mesma, instrumento poderoso capaz de aplacar os delírios da nossa civilização humanocentrada.

§ Em estado refinado, haicai é *satori* (iluminação súbita). Satori em decorrência do acionamento dos órgãos dos sentidos a nível fotográfico. Órgãos dos sentidos como lentes translúcidas a captar o estado das coisas no *aqui-agora*. A natureza da experiência de iluminação de Bashô, fundida nos fenômenos do lago, do sapo e do barulho da água, é a mesma da do monge que, enquanto varria o chão da cabana, realizou-se ao ouvir o som de pedrinhas chocando-se com a parede. Haicai é um satori à mercê do que ocorre no mundo neste exato instante. Experiência de uma simplicidade acachapante — e que, de tão sutil, geralmente nos escapa. Praticar é preciso.

§ Quanto mais zazen, mais haicai. Quanto mais karatê, mais haicai. Quanto mais perambulações, mais haicai. É fascinante perceber que a anatomia e o movimento — espécie de mecânica metafísica — de todos esses exercícios são idênticos. Zazen: consciência na inspiração, expiração e no interstício imóvel de uma coisa e outra. Simples golpe de karatê: da base fixa, o movimento que se desloca com velocidade e, no limite, libera força, pressão, impacto. Perambular: dinâmica de um pé suspenso, outro firmado no chão, e o ligeiro, quase imperceptível, encontro de ambos, no solo, no interstício do movimento. E mais: o caminhar, a realidade do entorno e a impressão gerada pela fusão das partes. Haicai: do uno estático (primeiro verso), à ação e movimento (segundo verso), à síntese acolhedora, resignada (terceiro verso). Zazen, karatê e haicai. Cada um com sua mecânica íntima de tese, antítese e síntese. Matemática cósmica do três. A dualidade que visa a unidade. A unidade eterna formada a partir da dualidade.

§ Haicai é o mais sofisticado voto de celebração da vida imanente que tive a felicidade de conhecer e praticar. Nietzsche, se o tivesse conhecido e praticado, talvez anunciasse haicai como *amor fati*.

§ No sonho desta madrugada, um sopro sugere que haicai é *poiesis* de chão, humilde, singela; que haicai é joia telúrica, sopro puro da beleza imanente. Porque tudo é imanência. E tudo é impermanência. Em solo rico, bem cultivado, o haicai está livre de toda mácula.

§ Até que tudo que se escreva — do haicai ao ensaio — seja haicai: impressão imediata do que se vive. A escrita sem verdade, sem fechamento, sem sistema. A escrita do ato.

2. Haicai enquanto samba. Intuo uma relação harmoniosa entre o samba e o haicai. Vivo a ternura e a força dessa fusão quando, ao escutar samba, recebo haicais; ou quando termino de escrever um haicai e sinto vontade de escutar um samba.

perto, sol poente
samba bom e antigo
sábado quente

§ Às vezes fecho os olhos e imagino ideogramas japoneses num fundo verde e rosa da Estação Primeira de Mangueira. Como se fosse perfeitamente possível a união entre Cartola e Bashô, João Nogueira e Yosa Buson, Nelson Cavaquinho e Kobayashi Issa. Como se muitos *kigôs* de verão e primavera pudessem cair nos braços de Dona Ivone Lara, Alcione, Clementina de Jesus. E por aí vai.

caquis de Shiki
e craques canarinhos —
arte vem dos pés

um acorde, um golpe
mente na ponta dos dedos —
cavaco e karatê

§ Em comum para ambas as artes — ambos os caminhos —, reside, como elemento primordial, a estética da simplicidade. Simplicidade como refinamento do bruto, alquimia da cafonice, aparas do excesso, transmutação da petulância, esquiva da grandiloquência. O trato doce, qual o trabalho de um marceneiro, a partir de um forte aspecto rústico da vida. A sábia combinação entre firmeza e delicadeza, alegria e melancolia.

outono doce
cheio de presente —
caqui e agora

§ Pois minha intuição sobre a singela fusão entre haicai e samba, por fim, remonta a um sentimento próprio de alegria e melancolia. A melancolia atrelada a uma nostalgia de tradição, daquilo que despontou quando não estive e só posso imaginar como foi; daquilo que vivo apenas por reflexo, resistência, reavivamento. Nesta época, quem não? Nosso tempo é de ruídos e estilhaços. Sabemos, sentimos, que é um tempo eufórico, aberto ao caos ou ao nada. Mais a fundo, também sabemos e sentimos que é um tempo melancólico.

o sol caindo
enquanto caminho e canto
um samba triste

Nelson Cavaquinho
dedilha de dó a dor —
choro baixinho

§ A alegria do sincretismo, em nascer em terra de tantos sincretismos. Haisamba? Ou, melhor, sambacai? A alegria de saber que, mesmo diminutas, resistentes, às voltas com a preciosidade e com o preciosismo, tive o privilégio de (me) encontrar — e mergulhar — (em) tais tradições.

filtro de barro
vaso de samambaia
iluminados de Brasil

zazen e paçoca —
quanto menos de mim
só amendoim

§ A dimensão trágica da vida; e a dimensão da beleza da vida. Da tragédia, desponta a beleza. Dos haijin que viveram catástrofes naturais, a penúria, a tragédia familiar, e viram na vida a impermanência de todas as coisas; e, da impermanência de todas as coisas, o singelo louvor à vida. Dos sambistas que viveram o mando e a chibata, o eco do mando e da chibata, a escassez, o desamparo; e, da dor e do desamparo, juntaram forças entre eles, através da carne e do batuque, dos morros e dos santos. A força e a ternura. Assim é o haicai. Assim é o samba. Por isso um bom samba dá um bom haicai. E um bom haicai dá um bom samba.

quantos satori
sonoros, verde e rosa
ao escutar Cartola

um bom arranjo
bravura e sorriso —
o samurai samba

3. Haicai e a luz da banalidade, da repetição, da hipnose.
Se existe prosperidade e abundância fora da simples experiên-

cia cotidiana, não a verifico e, no limite, desconfio, não a contemplo.

fundos da pizzaria —
o pardal bica uma borda
e some no ar

§ A vida que insiste, resiste, persevera sobre a hipermanipulação humana, massiva e violenta (a vida dos bem-te-vis e dos pombos, das lagartixas e dos papagaios silvestres), é a vida que faz as mesmas coisas, que se repete, acura, refina — e cai no fluxo. Meu haicai, como o tradicional, bebe da fonte não somente da vida que brota, selvagem, por todas as frestas; mas também se espelha na lei da precisão e repetição do mundo natural: as estações, por si, não alteram sua ordem, e as aves, se bem adaptadas em seu habitat, adormecem e despertam nos mesmos horários.

§ Uma forma de hipnose, de perda do peso de ser um si mesmo? A repetição. Todo delongar-se, constante e metodicamente, no que quer que seja, desabrocha na fluidez, numa corrente que desmancha o si mesmo no trânsito da própria vida, com todas as coisas que existem.

§ As coisas fáceis e simples que encontramos na natureza ocultam sua extensa e árdua história da repetição do mesmo. Repetir é acurar e, em estágio avançado, é hipnotizar-se.

só as plantas, mudas
outro tom de céu, grilos —
vai vingar a noite

§ Diversidade é organização, caos é disciplina.

§ A dinâmica do receber/fazer haicais? Feito pombo ou galo de bico ligeiro, pinçar das frestas da cidade (curral transbordante de coisas humanas) o que não é fruto da cidade — a vida selvagem que, a despeito das toneladas de cimento, do excesso de fumaça, vinga nas próprias frestas desse curral antropocêntrico. Então unir, contrastar, fundir o que é da cidade e o que não é.

cone de trânsito —
o pardal chega e caga
bem no buraco

§ Meus haicais não são do caos humano, mas cintilam nas frestas desse caos. As cintilâncias das frestas da cidade, das rachas do asfalto. E a indistinção entre o puro e o impuro.

arde o sol das três —
o pino de cocaína
jogado no asfalto

§ Dos tantos afetos exclusivamente humanos (quase todos de angústia), talvez seja a monotonia o mais intrigante. É provável que estejamos isolados em nosso tédio, sem correspondência com outras espécies. Pois o que por nós é experimentado como tédio ou monotonia talvez seja, para um chimpanzé ou bonobo, contemplação, meditação, deleite no silêncio, plenitude na quietação.

o telhado branco
sob o azul sem nuvens
e um gato bege

§ O que rotulamos como mania de velho é, simplesmente, a alegria do hábito, o contentamento pelos próprios e pequenos ritos que se forjaram na latência, paciência e lapidação de seis ou oito décadas de existência. Ao contrário do velho burguês e extravagante (à la Silvio Santos, por exemplo, que é um velho com violenta intolerância à velhice), o velho tradicional e simples, anônimo, faz seu pacto de amor e cuidado com plantas, cães e gatos. Por essa razão, talvez, nos emocionamos mais com a cena de um velho, no seu cuidado com uma planta, um cão ou um gato, do que com aquela protagonizada por um jovem ou adulto. Destrambelhados, o jovem e o adulto, por regra, estão dissociados do reino da alegria cotidiana. No oposto, o velho, a planta, o cão e o gato têm, em comum (e em comunhão), a destreza do banal e do cíclico: afundam-se na frugalidade cotidiana, de forma que esta se torna análoga à experiência de uma vida eterna.

§ A senhora corta as unhas, há tantos anos, todas as segundas-feiras, com o mesmo cortador, da marca Unhex, modelo dos anos 1970; e o guarda no mesmo estojinho, colocado na mesma prateleira, detrás do mesmo espelho (hoje riscado, desbotado) que refletiu, sem falha ou atraso, a marcação do tempo, das rugas desta senhora, vivente da silenciosa alegria de ritos ordinários. Sabe que, a esta altura, para além deste modo de vida, nada é tão seguro, nem digno, nem válido de se viver.

livre da angústia
sob esta enorme figueira
de quinhentos anos

4. Forjado em ferro, desabrochado em flor (ou elogio aos pequenos exercícios de aspereza e frugalidade). Compartilho da visão comum de bilionários (bitolados) e entusiastas (ingênuos) de que as inteligências artificiais poderão nos libertar do universo das atividades maçantes e corriqueiras, aquelas que nos exigem raciocínio (para saber o que cozinhar), memória (para preparar a lista do mercado), contato com nosso estado emocional (para escolher a música que queremos ouvir) e, sobretudo, musculatura (para lavar a louça, varrer a casa, limpar as prateleiras). Minha discordância não parte do prognóstico, mas do valor: antagonista dos entusiastas, antagonista dos bilionários (porque sou pobre), reacionário e contrariador dos milagres das novas tecnologias, não vislumbro, nas suas promessas embutidas, aquisições de novas liberdades, porém, quase sempre, novos estados de prisão. Estar isento do compromisso de preencher uma reles listinha do mercado não é autonomia e ganho de tempo, mas inconsciência e letargia. Serão — já são? — os algoritmos, as inteligências artificiais (generativas etc.) os substitutos maternos e paternos, sem sangue e afeto, a prover e satisfazer, massificadamente, nossas necessidades e desejos mais basais?

§ Por que não exaltar e encarnar alguns aspectos da vida dura, aqueles mais naturais e vívidos que forjaram e sempre acompanharam nossa espécie? Na rua íngreme, desço da bicicleta e começo a caminhar. As panturrilhas se esticam e ardem, os pulmões bombeiam, a respiração se intensifica. Sei que, neste mesmo pedaço de asfalto ascendente, senhoras trabalhadoras, incansáveis, vêm e vão todos os dias, os dedos das mãos a arder com o peso das sacolas. Um carro ou uma moto me lançariam no bálsamo da facilidade e do conforto e é estúpido negar seus benefícios. No entanto, um carro ou uma moto me arrancariam o valor do suor, me privariam desse pequeno exercício de dureza e esforço altamente pedagógico, que os desejos egoístas não querem ter por perto, mas de que uma consciência sã sabe que não pode abrir mão. Chego na parte plana, esbaforido, contente, energizado; mas também um pouco deprimido ao lembrar da aposta equivocada da nossa cultura: construir um modo de vida que, cego à sabedoria incutida nesses moderados sacrifícios físicos, projeta seu ideal de felicidade no mais tétrico sedentarismo e na realeza de um comodismo que é, em si, depressão.

§ Vou ao karatê, três vezes por semana, para treinar, basicamente, os mesmíssimos golpes e movimentos. Disseram que é assim para quem pratica a vida inteira: a vida inteira, em treino, a repetir os mesmos golpes e movimentos. Metáfora da vida? Existir, com boa consciência, bem-estar e bons valores, é repetir as mesmas ações, mesmos gestos. Refinar o hábito.

§ Na novidade, no ineditismo, por si sós, não constam profundidade, senão excitação. Mas o que realmente excita a vida, a longo prazo, é o traquejo que se cria à base da monótona, para os infelizes, ou instigante, para os alegres, repetição das coisas. Toda experiência, individual ou coletiva, para o que quer que seja, é o simples encadeamento de incontáveis repetições de uma mesma coisa.

§ O ser humano, primata menos moldado previamente, quer dizer, mais oco e, principalmente, mais lento do que os outros, necessita da deliberação consciente do hábito, do traquejo que só a repetição incontável possibilita. Nossa espécie se forja, com potência, alegria e maturidade, através de uma certa monotonia, de um exigente, lento, delicado e melancólico apurar das mesmas coisas. Uma mínima liturgia, seja qual for, contanto que conservada, é sempre uma virtude. O espaço para a forja da nossa boa condição é o próprio tempo. Aqui, o envelhecer tem todas as vantagens que a pouca vida não tem.

§ A vida nos concede o dom da repetição para que, no exercício da sua função, aprendamos a ser a própria vida. Ser é refazer o que se sabe que tem que ser feito. E refazer é refinar. Cultura nada mais é que um arcabouço de recorrências e constâncias.

Tudo, na natureza, acura, depura. Natureza é disciplina e disciplina é a magia da matéria.

§ Em comum, para as mais refinadas sabedorias de qualquer época, de qualquer falange, a cristalina e profunda certeza de que fora da frugalidade não há felicidade. A pessoa sábia que enalteceu o luxo não consta na história. A fartura e a opulência, desde sempre, foram hábitos dos tiranos e déspotas, carrascos, miseráveis de alma. Só depois de muito, com o advento e a soberania do capitalismo, no que este tem de religião, é que a glória e a ostentação se tornaram totens coletivos, vícios das massas. Hoje perseguimos, até o *burnout*, a depressão, o infarto ou o homicídio, aquilo que a sabedoria da história clamou para repelirmos.

§ O que impede a proliferação da frugalidade, hoje, não é exatamente a cultura do excesso e da ostentação, mas a tragédia do seu oposto, mantida, a ferro e fogo, pelas classes que vivem o excesso e a ostentação: eis a miséria, a paúra, a escassez do básico que produz a repulsa à frugalidade àqueles que chegam a conquistar alguma coisa.

§ A simplicidade é toda uma complexidade, uma sofisticação. E o máximo da sofisticação — instância da real simplicidade — se confunde, à primeira vista, com o quase tosco. Do contrário, é comum que o pretensamente requintado seja, de verdade, apenas a expressão de um quase ridículo.

§ O sutil é enorme. A sutileza entre as coisas é da maior importância. A sutil diferença entre uma coisa e outra representa a maior das transformações. A diferença entre ver e ver com atenção; entre fazer e fazer com atenção. Lavo louça, disperso; lavo louça, concentrado — aqui, a experiência repousa em outra dimensão. A própria dimensão natural das coisas, rente ao mundo — dimensão plural e texturizada, riquíssima, recheada de nuances —, ante a dimensão etérea do excesso de pensamentos autocentrados, repetitivos, viciados, achatados, que nos embota ou nos arranca deste mundo. Sutis diferenças no estado de consciência. Sendo a própria atenção o núcleo das sutilezas.

§ Tenho uma bicicleta e talvez, um dia, eu tenha um Fusca. Lavo louça e um desejo vem à mente: ter uma casa própria. Um apartamento de um cômodo é mais que suficiente. Quero ter a mesma bicicleta para o resto da vida. Seco as mãos no pano de prato e afirmo em silêncio, a partir desse fundo de consciência onde os desejos brotam: minha riqueza está diretamente atrelada ao querer coisas poucas e simples — e, quando possível, nada querer.

§ Mente serena, corpo ativo, dia de semana qualquer: agachado em frente à cama, o quarto quieto, dobro minhas camisetas, calças, cuecas e meias, uma a uma, no cuidado de um artesão. Sinto paz; e logo intuo: o real contentamento em viver está assentado nos detalhes do corriqueiro. A bem-aventurança está nas frestas do cotidiano.

§ Caminho na via estreita: caminho entre a calçada e a rua. Rumino minha crítica a esta cidade, tão ruim em infraestrutura. Chego em frente à casa dessa grande amiga, paro em frente ao portão baixo e assobio. Ela gosta quando assobio e nunca se demora a aparecer. Fazemos piada sobre o hábito de assobiar em frente ao portão. Nesse caminhar, nesse encontro, nesse assobio e nessas piadas, entrego toda a minha energia, porque é o cotidiano, afinal: mergulhado aqui, enaltecido por sua banalidade, tenho a chance de mitigar essas forças que nos perseguem e nos aterrorizam: o desejo de grandiosidade, glória, luxo, fama. O cotidiano me protege.

§ Segunda-feira: a alegria pelo cotidiano. O cotidiano como minha única possibilidade de santidade. Alastrar o cotidiano. Manter-se fiel a ele, concentrado, até que ele se interrompa. E isso é tudo.

§ A alegria e a inocência de uma pipa no céu azul no auge do verão brasileiro.

5. O zen e a arte de pedalar. Andar de bicicleta é uma das melhores coisas do mundo. A bicicleta está entre as dez mais sofisticadas invenções da nossa espécie. Há poucas sensações na vida tão agradáveis e gratificantes quanto descer, sobre duas rodas, uma ladeira em tarde de verão, sem freio, as pernas repousadas, pouca roupa, pele contra o vento. Depois a parada, e o caldo de cana com limão na garrafa de 500 ml.

§ Após dois meses de pausa, por causa da câmara estourada do pneu dianteiro e pela falta de tempo para trocá-lo, retorno, finalmente, às pedaladas. Segunda-feira, fim de tarde, 32°C em Florianópolis. Decido ir ao karatê com a magrela. Na descida do morro do José Mendes, entre o Centro e o Saco dos Limões, os olhos se chocam, em velocidade, com as águas azuis, estonteantes, da baía da ilha. Rua vazia, asfalto liso, bicicleta em plena atividade. Não sei se rio ou se choro.

§ Tenho uma *speed*, estilo Caloi 10, aquelas dos anos 1970 e 1980. Mas não é uma Caloi 10, é uma Carlton Flyer, fabricação inglesa dos anos 1970 (?), quadro de ferro, leve, maravilhosa. Um achado de OLX, em 2019. O anunciante, desinteressado, pediu 450 reais. Fui buscá-la num domingo à noite, na febre de quem recebe um chamado do além. Xodó, minha *speed* vermelha é uma das minhas maiores vaidades.

§ Murilo tem 59 anos, natural de Recife (PE), morador da ilha de Santa Catarina há quase trinta anos. Magro e ágil, compartilha semelhanças físicas com sua bicicleta *speed*, uma Monark 10 preta, com muitas peças originais, inclusive o guidão *drop*. Avisto Murilo pela primeira vez no sacolão, onde, na entrada, ele prende a bicicleta e, ao lado, deixa suas duas vira-latas, que lhe esperam sem qualquer euforia ou dissabor. Murilo volta, desprende a bicicleta, dá sinal às cachorras, e os três seguem rumo: ele pedalando, devagar, as duas trotando, bem rentes aos pneus, línguas para fora. Depois, conheço Murilo na porta do mercadinho, cada um com sua magrela. Imersos num papo sobre bicicletas e pedalar, ele, espontâneo e efusivo, desabafa: "Não tem coisa melhor. Quando estou naquelas descidas, me inclino. E vou, vou. Sinto cada parte do meu corpo, a adrenalina. Melhor maneira de se sentir vivo".

§ O carro é uma utilidade inconveniente, um facilitador nauseante. Agiliza minha vida, poupa minha energia e tempo, à medida que empobrece minha paisagem, obstrui meus sentidos e, em situações-limite, me faz vomitar. Um ano andando de carro com frequência e, quando percebi, havia adquirido trejeitos burgueses. O carro é o santuário do burguês urbano. Desde criança, irremediavelmente, andar de carro me causa enjoo e, quando a estrada é tortuosa, cheia de curvas, me dá crises de vômito. Como se meu corpo reagisse com escândalo à sua incapacidade de assimilar a possibilidade de se mover a 60 ou 80 km/h enquanto está parado, sentado num banco.

§ A palavra, signo quase etéreo, só pode vir do vento, de um tipo específico de vento, nem por isso incomum. Todo pensar e todo escrever despontam a partir da fusão de determinado estado físico e mental com determinado tipo de ambiente e sua temperatura, luminosidade e, principalmente, corrente de ar. Parado escrevo pouco, com esforço: parado não há vento. Ao caminhar, arejo o léxico, cataliso o pensar: a escrita desabrocha, espaçada e devagar. Ao pedalar, o mapa da escrita se expande e acende, com mais intensidade e em acordo com minha tipologia fragmentária: as frases pipocam, explodem à medida que o vento toca a pele e os olhos gravam as cenas da cidade.

§ Há algo de extraordinário no fato de ser fisicamente possível um primata bípede se equilibrar sobre um arranjo de metal e dois finos pneus de borracha. Essa evidência física, intrínseca, pouco relembrada, é, por si só, uma poesia, uma magia, um milagre. Se exercitarmos nossos olhos à contemplação de uma pessoa andando de bicicleta, como se aquela cena não fosse familiar, uma cena gasta, viciada, mas como se fosse vista pela primeira vez, então, talvez, houvesse o espanto: um primata bípede, em velocidade e equilíbrio, sobre um arranjo de metal e dois finos pneus de borracha é algo extraordinário, uma poesia, uma magia, um milagre.

§ Marshall McLuhan, pensador canadense, fala sobre os meios de comunicação como extensões do nosso corpo, como se o que criamos como técnica fosse uma espécie de continuidade dos nossos órgãos. Uma caneta é a extensão dos nossos dedos. Uma caneca é a extensão das nossas mãos. Uma cadeira é a extensão das nossas pernas e colunas. Se não me engano, McLuhan exemplifica a bicicleta como extensão dos nossos pés. Nesse caso, me parece pouco. Conforme a lógica, a bicicleta parece ser muito mais: é a extensão exuberante, a um só tempo delicada e firme, de todo o complexo de funções motoras do ser humano. É a extensão da arte de caminhar.

§ O protagonista do filme *Fé corrompida* (Paul Schrader, 2018) é Ernst Toller, reverendo de uma igreja luterana e homem alcoólatra. À noite, na solidão do seu quarto austero, ele escreve um diário. Os textos do diário de Toller são também seu monólogo interior. A certa altura, ao andar de bicicleta, Toller reflete: "Mary e eu seguimos a trilha do parque. Eu não andava de bicicleta havia uns vinte anos. Eu estava com medo de cair. É incrível o simples poder curativo do exercício. É uma dádiva de Deus".

§ Eis a subida logo à frente. Pedalo, lento e em pé, enquanto passo as marchas — uma, duas, três, o barulho do passador — a fim de chegar na mais leve. Pedalo, pesado, cada rotação mais pesada, e subo, subo, subo, todo o corpo trabalhando, pés, panturrilhas, joelhos, coxas, abdome, mãos, braços, ombros, mente, respiração (inspiro pelo nariz, curto, exalo pela boca, longo). Chego no topo: corpo candente, pulsante, vivíssimo.

§ Eis a descida. E a descida é a recompensa do esforço da subida, a queda livre, embora estável e controlada. O vento, a leveza, a alegria. Na descida, sinto a gratidão numa dimensão que não consigo acessar através de outras experiências cotidianas — senão de bicicleta, na descida, após a força e o suor despendidos na subida. Aos bitolados da neurociência, é uma gratidão bioquímica, e não há do que duvidar. Além de bioquímica, porém, é mais o quê? Gratidão ampla e vazia de recompensa, barganha, egocentrismo: a pura gratidão de estar vivo, imerso e ativo — com vento, leveza, alegria — no processo do insolúvel mistério de viver. Gratidão enquanto desço e a paisagem passa, me entrecorta. Uma gratidão colada à experiência da contemplação, afinal. Agradeço porque vejo. Vejo e agradeço. A bicicleta é o veículo.

6. O zen e a arte de saborear paçoca. Nenhum devaneio encantado ou assombro metafísico pode me arrancar do momento em que saboreio uma paçoca. Quando o perfeito casamento entre o amendoim torrado, o açúcar e a pitada de sal toca o paladar, toda verborragia mental é ceifada pela raiz. Aqui, eu e a paçoca somos um.

§ Embora apreciá-la, somente apreciá-la, seja o essencial, sinto que preciso conhecer sua história, suas origens. Além de apaixonado e grande consumidor, preciso me tornar um teórico da paçoca. Uma atuação que envolve gastronomia, cultura e literatura. Tal empreitada renderia uma tese de mestrado.

§ Ganhei um processador e descobri que é possível fazer paçoca em casa. Em princípio, a paçoca caseira me proporciona mais liberdade, autonomia, redução de custos e também de consumo de embalagens plásticas. Depois de um ou dois testes, no entanto, descobri que não é a mesma coisa: a indústria, maquinário de milagres, é imbatível. A Santa Helena, que produz a Paçoquita, sobretudo. E o mais intrigante: uma paçoca industrial normalmente não tem mais ingredientes do que a que se faz em casa: amendoim torrado, açúcar e sal. Com certeza é um dos produtos da indústria alimentícia mais simples de todos. Sem mais glicose, xarope, corante e afins. Apenas três ingredientes. O que me deixa aliviado, com menos peso na consciência.

§ As embalagens amarelas das principais marcas de paçoca me seduzem esteticamente. Já pensei em fazer coleção. Senso comum: amarelo é a cor que estimula o apetite. Minha sedução, porém, vai além: o amarelo das embalagens de paçoca tem um quê de Brasil profundo, como expressão em miniatura da nossa cultura. Paçoca é Macunaíma, guarani, Minas Gerais. Paçoca é Ariano Suassuna, Mata Atlântica, botecos de esquina, festa junina. Ninguém imagina a existência de uma paçoca, rolha ou retangular, 18 g, embalagem amarela, cujo mascote é um amendoim sorrindo, produzida na Suécia ou no Canadá. Paçoca, por fatores climáticos e culturais, é Sul global.

§ A paçoca em formato retangular não é de todo ruim. Ainda assim, é uma transgressão questionável do formato clássico de rolha — este, melhor em tudo. O formato da paçoca de rolha é tão perfeito que, numa excepcional sinestesia, influi na qualidade do próprio sabor.

§ O amendoim é um alimento muito oleoso. Por isso, quando como muitas paçocas, meu único efeito colateral é o aumento de cravos e espinhas no rosto. Assumo a consequência sem mínimo pesar: aqui, o prazer prevalece sobre a aparência.

§ Quando como paçoca, devo parar tudo o que estou fazendo. Se estava falando, me calo. Se estava andando, estaco. Se estava pensando, afasto os pensamentos. Pedaço a pedaço, em lentas mastigadas, apenas saboreio — às vezes com os olhos fechados. Suprassumo da realidade sensível, vivenciar este momento é uma espécie de transcendência na plena imanência.

§ O zen, que me ensina a sentar e meditar — não sem esforço e dor —, termina por me ensinar a vivenciar o tempo em seu momento de ser, as coisas do jeito que são. Sem a prática zen, eu jamais descobriria o valor real e profundo da apreciação de uma paçoca. O zen, além de outras coisas simples, me ensina a melhor apreciar paçocas.

7. O despertar com o ordinário som das coisas. Este é um texto estranho, com título estranho e tema incomum. Talvez ambíguo, pois é da ordem do banal e do magnífico. Conhecemos o termo *despertar* pelo seu significado corriqueiro, que designa a experiência cotidiana de acordar de um período de sono, ou pela definição abstrata de um despertar sinônimo de iluminação, tal qual professam as principais tradições do Oriente. O despertar do sono é algo diário que acomete a maioria dos seres vivos. Cultura new age e jovens místicos esgarçaram a expressão do despertar religioso do qual, supostamente, nós, leigos ou praticantes de nada, estamos muito distantes. Quero falar de um súbito despertar religioso rente ao chão e pelas lentes do banal.

§ O súbito despertar religioso rente ao chão e pelas lentes do banal, isto é: o vislumbre, o rápido clarão de consciência, a perda de contornos de uma noção autocentrada, uma total abertura frente à existência, uma experiência de um segundo, dois segundos, mas que nos esvazia de nós mesmos e nos enche de vida e mistério, a partir de um acontecimento extremamente específico e mundano: o som produzido pelos fenômenos naturais e, mais especificamente, o som produzido pelo contato de um objeto com outro; um acontecimento aleatório, surpresa, acionado no atrito de coisas apartadas dos ritos de religião, pois não são totens ou estátuas, objetos santos e sacros, mas vassouras, pedrinhas, castanhas, tanques, moedas.

§ A pedrinha e o bambu, um koan. Foi meu primeiro contato com uma história sobre realização espiritual gerada a partir de... uma vassoura, uma pedrinha e um bambu. Um discípulo, após anos de fracassada tentativa de compreender o zen pela via intelectual, dos estudos e da análise, abdica, enfim, da sua postura para viver de forma prática e simples, contemplativa, longe das teorias. Numa manhã, como em todas as manhãs, o discípulo varre o entorno da cabana. Vassoura de palha nas mãos, diluído na atividade, ele espana uma pedrinha; a pedrinha rola e colide com um bambu; em meio ao silêncio, o som da pedrinha que bate no bambu é satori: ali, o discípulo experimenta a realidade tal como é.

§ E. M. Cioran, em *Do inconveniente de ter nascido*: "Quando eu caminhava, tarde, pelo trecho bordeado de árvores, uma castanha caiu aos meus pés. O ruído que ela fez ao quebrar, o eco que suscitou em mim, um tremor desproporcional a respeito desse acontecimento ínfimo, mergulharam-me no milagre, na embriaguez do definitivo, como se não houvesse mais perguntas, apenas respostas. Fiquei embriagado de mil evidências inesperadas, com as quais não sabia o que fazer... Foi assim que estive perto de alcançar o supremo. Mas achei preferível continuar o passeio".

§ O mestre zen era cético quanto à intenção de tornar a poesia um dos fundamentos da prática zen. O mestre indagou Bashô, quis saber como isso era possível, e Bashô respondeu — e convenceu o mestre — com um haicai: o velho tanque/ uma rã salta/ barulho de água. A rã. O salto. O barulho da água. Onde "o sentido descansa" (Barthes, sobre o haicai), ou melhor: onde nossa necessidade de sentido descansa, o real, imperturbável, nos atravessa — e nos ilumina. Nos atravessa e nos ilumina não pelo canto da rã, evocativo; mas pelo salto da rã e pelo barulho da água.

§ Fila dos Correios, três da tarde. Estou em pé, papelzinho da senha na mão, entre a pressa e o tédio. Os minutos passam e minha pressa se esvai, o tédio vira calma: sem celular, olhos absortos em tudo e em nada ao mesmo tempo, enquanto não chega minha vez, consigo, durante aqueles minutos, sem querer, ser tocado por uma calma boa. Estou próximo da porta de vidro e os raios de sol, mornos, banham minhas costas: daí também vem a prazerosa sensação de paz, em meio a este ambiente utilitário. A mente vaga, leve, divaga, suave, em tudo e em nada. A mente passa e, súbito, a mulher do caixa 2 deixa uma moeda de 1 real cair. A moeda tilinta no piso, uma, duas, três vezes. O som da moeda pulando no piso, em uma fração de segundo, me fisga e me rasga, me captura e me abre: a vida me oferece algum desenlace inequívoco, total, que ecoa veloz, mas deixa um perfume.

Quase não sou capaz de exprimi-lo em palavras. Essa minúscula experiência é como o avesso de um déjà-vu.

§ A pedrinha, o bambu, a castanha, o salto da rã na água do tanque, a moeda. Mas também as gotas de chuva que caem nas folhas, no telhado ou na calha, enquanto os olhos estão fechados. E vale expandir as possibilidades, um pouco acima do chão: Newton e a maçã; o barulho do trovão; o som eterno emanado pelo universo, vibração primordial, encarnação sonora da criação, segundo a tradição hindu: Om. As múltiplas formas de aparição do puro real num raro e feliz encaixe com nossa consciência — o ego eclipsado —, aberta o suficiente para se fundir com a inocência dos fenômenos, ou ordem cósmica, se preferir.

§ A fé exige o salto — o salto da fé. Crer é olhar para cima — pedir aos céus. Sem firmamento, não haveria fé. Não haveria fé nem fábulas, mitos, teleologias que incrementam outros mundos. O céu, este que podemos ver acima de nós, em qualquer momento ao ar livre, seja azul ou nublado, é o espaço da transcendência. É possível se realizar com os sons que vêm de cima. Mas também é assim para os sons que a terra produz.

§ No chão reside outra força — e nossa cultura rejeita seu valor, é fechada para sua primazia. Do chão vem a força vital de todos os corpos, cujo canal de entrada são os pés dos humanos, as patas dos animais terrestres. O chão não é menos nem mais do que o céu: é sua antítese e sua complementação, talvez. Se o céu é o lugar da transcendência, o chão, por correlação óbvia, é o espaço da imanência. Entre vários aspectos e primazias, há um, estranho e singular, realce deste texto: coisas tilintam no chão, nas coisas da terra. As coisas que tilintam no chão provocam, em olhos livres e mentes abertas, uma súbita integração, que também é dissolução, ou realização. O chão, as reles coisas que se chocam com o chão, o som produzido pelas reles coisas que se chocam com o chão: o *telos* no telúrico, mística das coisas minúsculas.

8. Luz e tremor na planta dos pés. Divagação sentenciosa, imaginação elástica, suposição à beira da suspeição, a relacionar eventos extremos com formação cultural, geofísica com sabedoria ancestral, clima com cosmovisão, mas que ouso lançar: povos originários, que aqui estavam antes de a América ser América, são, em sua quase totalidade, povos incondicionalmente aterrados, a despeito dos saltos oníricos, das excursões astrais e xamânicas; em contraste, o povo europeu (exterminador e colonizador dos originários, aliás) é, em abundância, um povo alado: a abstração, seja no espaço ou no exercício do pensamento, é o núcleo da sua formação e atuação.

§ O povo que habita, há milênios, o que chamamos Extremo Oriente — e, a partir daqui, me delimito a tratar, principalmente, do povo japonês — é, assim como os originários da América, África e Oceania, um povo aterrado por excelência, cujas especificidades derivam — aqui minha ousadia — da sua relação embricada e trágica com a geografia: o Japão e sua forte ligação com o solo, sua atenção com a terra (firmeza, pragmatismo, calma e constância, determinação, figurativo *pés no chão*) apontam à vivência dessa gente com os tantos abalos sísmicos que sofreram e enfrentaram.

§ Abstrair é, também, expandir-se: não à toa, o homem branco, nos últimos cinco séculos, se alastrou pelo globo — sua expansão resultou no extermínio da biodiversidade. Tara por pureza, grave aversão à diferença e, sobretudo, vício pela noção do mundo (melhor) além deste mundo (pior), vício pelo duplo do mundo (de Platão à Igreja católica aos trans-humanistas atuais): a civilização ocidental é o reinado de uma hipertrofia metafísica, em busca desenfreada por algum além (além-mundo, além-mar, além-planeta). Não há nada mais afrontoso a um europeu do que a noção de misturar-se, aqui e agora, no chão do mundo — e, daí, extrair alguma sabedoria. Pois, a partir dos pilares da sua cosmovisão, o europeu sofre de uma alergia fatal a qualquer coisa que remeta a mistura, mundo, chão.

§ Mas retorno à suposta antítese dos europeus: a realidade aterrada dos japoneses, sua sabedoria telúrica. Abalado por tantos tremores de terra, tanta tormenta e racha sob os pés, o povo japonês poderia reagir por ressentimento e, assim, desenvolver, no eco dos seus graves sofrimentos geofísicos, uma cosmovisão, no mínimo, desconfiada da terra e, no limite, aversiva à terra; uma cosmovisão extrapolada do solo, direcionada ao além. Para a alegria do mundo, o devir registrou o contrário: a cosmovisão japonesa — um amálgama dos saberes xintoístas, taoistas, budistas e confucionistas — é a terna expressão da sabedoria e da graça da terra, do elogio e do cuidado à terra, da amabilidade com o solo.

§ Embora tenha, em sua doutrina, um pragmatismo clássico (as Quatro Nobres Verdades, o Caminho Óctuplo etc.), o budismo, que nasce na Índia, ainda carrega marcas, mesmo que sutis, de uma pureza absoluta fora do tempo e da matéria: para a tradição *theravada*, o nirvana é qualquer coisa de perfeito que está além deste mundo. Com o tempo, porém, o budismo se espraia para a China, Coreia e Japão; assim, expande sua cosmogonia e doutrina, sobretudo após seu encontro e fusão com o taoismo chinês. O budismo *chan* (chinês) ou o budismo *zen* (japonês) figura, ao longo dos séculos (e a partir de eventos e personagens pontuais e transformadores, como o caso de Hui Neng, o Sexto Patriarca), uma impressionante subversão da própria noção de iluminação: para o zen, satori (despertar) nada mais é que um súbito clarão que, não raro, acomete o praticamente por meio da sua relação com o mundo, até mesmo o mundano, o ordinário, o banal — voltamos a Bashô e à rã no tanque, ao monge e à pedrinha espanada pela vassoura etc.

§ Já o taoismo, que nasce na China e desemboca no Japão, é, a um só tempo, abstrato e concreto, místico e imanente. Semelhante a diversas cosmovisões autóctones, o taoismo, além do mais, coloca o corpo humano, suas necessidades e funções, como manifestação inequívoca da criação sagrada: dá ao corpo o nome de órbita microcósmica, sendo a órbita macrocósmica a própria composição geral do universo de que, em última instância, não apenas fazemos parte, mas somos. Com a incorporação do corpo e suas pulsões na ordem da perfeição cósmica, as práticas sexuais, no taoismo, são exploradas, refinadas. Análoga à tradição tântrica, a sexualidade, segundo os mestres taoistas, desde os mais antigos, contém o potencial da realização, o tesouro do absoluto.

§ Com grande influência do zen, as artes e os costumes refinados da cultura japonesa manifestam o gosto, o prazer pelo chão: por tradição, as camas são baixas, a um palmo do piso (para os mais antigos, apenas uma esteira estendida no assoalho de madeira); ajoelhado ao solo, come-se em mesas igualmente baixas. Cosmovisão telúrica em corpo e alma: a alimentação, a procriação, o sono, os sonhos e o despertar (através da meditação sentada) ocorrem rentes ao chão.

§ Também as artes marciais do Extremo Oriente, na sua ampla gama de tipos, estilos e vertentes, expressam, perfeitamente, tal sabedoria telúrica, espécie de mística do chão. Originário de Okinawa, arquipélago que, hoje, pertence ao Japão, o karatê-do é uma das tantas artes marciais que se enriquecem com a técnica de extrair a força do solo. No karatê, todo movimento, golpe ou atenção consciente deve estar condicionado, do início ao fim, a uma determinada postura física — firme, porém sem tensão —, na qual os pés estão firmemente plantados, cravados no chão.

§ Palavras do meu sensei de karatê, num treino de fundamento voltado à movimentação: "Cravem os pés no chão como se estivessem perfurando o solo. E imaginem que vocês têm que se equilibrar, firmes, num chão que está tremendo". E tantas outras vezes, em diferentes ocasiões: "Mastiguem o chão com a sola dos pés; afundem os pés no chão; tragam a força do chão".

§ As pernas e os pés do judoca Hidehiko Yoshida estavam tão firmados no solo do ringue que nem o jiujiteiro brasileiro Royce Gracie, o mais temido do cartel, invicto há tantas lutas, conseguiu desestabilizá-lo e levá-lo ao chão. Naquela noite, o judoca japonês havia se transformado numa árvore de mil anos, enraizada o suficiente para que nenhuma força bruta pudesse demovê-la dali. Homem-árvore, estável e sereno, Yoshida venceu a batalha.

§ Jorge Zentner, argentino, artista e praticante zen: "Simbolicamente, para meditar sempre nos sentamos no *chão*; não há como 'subir', subir de posto; estamos sempre no primeiro passo. É uma forma de nos transmitir que o caminho do autoconhecimento exige humildade. Quanto mais cedo deixarmos de querer aprender alguma coisa, melhorar alguma coisa, mudar alguma coisa... melhor. A meditação é um exercício de humildade".

§ Kodo Sawaki, notório mestre zen japonês do século XX: "Seus *pés* têm que se assentar *firmemente no chão* para não perder de vista o dia de hoje, este instante, o lugar onde você está e, acima de tudo, para que não perca de vista a ti mesmo. Praticar não é terminar as tarefas de limpeza o mais rápido possível. Se você não perder de vista a sua vida diária durante a limpeza, aí também você estará praticando. Praticar significa seguir em frente com *um passo firme* enquanto iluminamos com uma lanterna apenas a escuridão aos nossos *pés*".

§ Seja no zen, seja nas artes marciais (aquele influenciou profundamente estas), a dinâmica que envolve base, postura, respiração e que, por efeito, tonifica clareza, sabedoria e contentamento é a mesma. A força vem do solo; a energia penetra através da planta dos pés e ascende ao corpo, até o topo da cabeça. É o baixo-ventre que, no entanto, catalisa, metaboliza e equilibra essa energia. É no baixo-ventre que está localizado o ponto central do equilíbrio, da força e do contentamento que, seja no zen, seja nas artes marciais, chamam de *hara*, ou *tanden*. Região da vitalidade primordial, do cordão umbilical, tanto no zen, quanto nas artes marciais, aprendemos a respirar com uma inspiração comum e uma expiração longa, não pulmonar, mas abdominal, como se o ar pudesse deslizar até o *hara* e, ali, se assentar.

§ Paulo Leminski, samurai malandro, no livro *A hora da lâmina*, ensaio "Corpo não mente": "Ao tentar converter superiores da seita zen, com a frase básica 'salve tua alma', [Francisco] Xavier [missionário católico que aportou no Japão no século XV] esbarrou num obstáculo intransponível: os monges zen não podiam conceber que a alma fosse uma coisa que a gente possuísse e pudesse ter um destino distinto do corpo, suas peripécias, misérias e esplendores. A arte de um judoca e de um carateca não é '*una cosa mentale*', como disse Leonardo sobre a pintura. É essencialmente unitária, anterior ou posterior à dicotomia corpo/mente que impregna, sub-repticiamente, todo pensamento ocidental de Descartes para cá. As origens desse divórcio no indissociável são, claro, de natureza religiosa: a mente do racionalismo ocidental é a filha leiga da alma salvável no cristianismo".

§ A crise da Terra, o colapso da biosfera (Antropoceno, sexta grande extinção em massa, ou outro nome possível), não remonta, profundamente, às origens da nossa hipertrofia metafísica que, na tal busca desenfreada por algum além (além-mundo, além-mar, além-planeta), baniu o *telos* da terra, as tantas possibilidades de espiritualidades terrenais, de místicas da imanência? Não seria o judaico-cristianismo-greco-romano-científico--moderno a matriz do distrato atroz do animal humano para com a Terra? A propósito, a arrogância ocidental está diretamente ligada ao fato de sua cosmovisão, não aterrada, exigir a incansável expansão, o progresso, o alçar voos. Pelo contrário, toda relação com o chão, com a terra, denota humildade. Com os pés firmes no chão do mundo, haveria tamanha sanha por megaexpansão, domínio do outro e extermínio da diferença?

§ A luz também vem de baixo, de onde pisamos. *Louvor à Terra* é o nome de um dos livros mais bonitos, e o mais autobiográfico e literário, do filósofo Byung-Chul Han, sul-coreano, por sinal. Direcionar a atenção ao chão, buscar na sabedoria telúrica a expressão de um outro existir, é uma forma de poesia, de política, de filosofia. O refinamento da atenção e da amabilidade direcionada à terra, em busca de sentido profundo, carrega o potencial de uma *reespiritualização*. Uma *reespiritualização* que, além de imanente, é prática, a priori — assim, é ativa e contemplativa a um só tempo.

9. Lumes e solavancos: fragmentos sobre a arte do fragmento.

O fragmento está no chão, sai do solo e, feito serpente, infiltra-se, ágil e enérgico, por meio das extremidades do corpo. O fragmento acessa a sola dos pés e ascende ao corpo — flanar ativa seu funcionamento. Também pode brotar a partir da ponta dos dedos das mãos — dos fragmentos que estouram na consciência durante a atividade de lavar louça. A matéria bruta do fragmento vive rasteira, pulsa, telúrica por natureza. Os franceses denominaram uma das formas do fragmento (algo como o aforismo e a máxima) de *penseé* — pensamentos. Não é o que vivo com meus fragmentos: os meus não são pensamentos, são aterramentos.

§ As frases vêm, na esteira de reflexões. Vêm em bando de cinco, seis. Algumas escapam, são varridas pelo vento, desfeitas: frases natimortas. Consigo transferir para o papel aquelas com sustância suficiente para pousar na mente: frases fortes e paridas, com luz e abrigo. Já não tenho histórias, discursos encadeados, longas dissertações. Apenas elãs, fulgores rentes ao chão. Frases, fragmentos. Cada vez mais frases e fragmentos. Escrevo na forma do golpe ligeiro, que capta o movimento do entorno, aciona, retrai e deixa ecoar. Escrevo o que já nasce quebrado e que, como quebra, é inteiro. Escrevo o discurso que se rompe, discurso abrupto, a um só tempo fechado em si mesmo, aberto para o todo: escritor inteiro de quebras.

§ Não há argumentos, a retórica é rente ao chão. A crueza destes apontamentos, escrita que se descola o mínimo possível do ato. Um anotar na rua, ou lavando louça. Como estar na mata densa, alerta, sentidos amplificados e, no primeiro ruído, desembainhar, agilíssimo, a faca da cintura. Estar na vida e, na aparição do primeiro clarão, sacar caderno e lápis e registrar, ali mesmo, no meio-fio ou na cadeira dos Correios, na laje ou na areia fofa da praia, este pedaço de prosa crua, que não é esboço — é pedaço completo.

§ O fragmento literário em tempos de queda: propositalmente rachado; propositalmente ruína. Como um pedaço de pedra ou toco de madeira, deve cintilar sobre os escombros. Pedaços que não pretendem remontar ou restaurar o todo, mas expressar, através da própria estética do despedaçamento, a condensação do todo naquela parte.

§ Só sou inteiro, como pensador, através dos meus fragmentos. Pois se é *através* dos fragmentos que posso dizer tudo, é *entre* os fragmentos que posso pensar sobre tudo: o vazio entre um e outro é o tutano das minhas emanações. Qualquer outro gênero de escrita totalizante, minimamente articulado, sistematizado, como instrumento e materialização do meu pensamento, me fraturaria ao ponto da abjeta artificialidade. Só no fragmento sou inteiro e mais: corrediço, vazante, amplo, contente.

§ A escrita de fragmentos é a arte da ênfase, melhor: a arte de uma ênfase lapidada. A ênfase no detalhe objetivo ou na divagação subjetiva. Mas ênfase, sempre. A escrita não enfática transcorre em romances tradicionais, longos ensaios, sistemas filosóficos e todo gênero que pressupõe cadeia, continuidade, lógica. Toda ênfase é um risco, a saber: o risco da presunção e do ridículo. Mas a ênfase fragmentária deve minar o risco ao se colocar crua e ensaística, despretensiosa da busca de qualquer grande verdade: deflagra apenas raios e relâmpagos, luminosidades e clarões violentos — a mera verdade daquele momento —, apta a ser contrariada no fragmento seguinte. Essa contradição: é ênfase, cortante e dura, mas não é séria.

§ Fragmento é contundência. Adicionada a poesia, também é ternura.

§ O que me fascina e me intriga no fragmento, na escrita fragmentária — prosa paradoxal, porque acabada e inacabada, pedaços de textos flutuantes — é sua intransigência, seu deslocamento e descolamento violentos, sua aparição brusca e luminosa. Todo fragmento, seja ele um aforismo ou um relato curto, é um golpe ou um susto. O bom fragmento, o fragmento das entranhas, é uma tira literária de forte impulsão, mero raio de sentido circunstancial, peça docilmente agressiva que pula da página.

§ Ao longo de quatro ou cinco esquinas recebo quatro ou cinco fragmentos. Se, na esquina seguinte, eu não parar para anotá-los, na nona ou décima esquina eles se consumirão feito fogos de artifício — restarão fragmentos dos fragmentos e minha inteira aflição. Na décima segunda esquina, estarei eu consumido. Escrever fragmentos: parir lampejos de luz veloz. Um fragmento é um vaga-lume que se deve obedecer no prazo máximo de três esquinas.

§ O fragmento antecede o silêncio, está à véspera do silêncio. Ou o fragmento crava uma marca no espaço do silêncio. Mas o fragmento, na iminência ou no desferimento, sempre respeita, louva o silêncio — persegue-o, enfim.

§ O fragmento, à beira do balbucio, habita a fronteira entre o signo e o vazio, a língua e o éter: estação final do mundo das representações, prestes a deslizar ao abismo de um absoluto onde a palavra não entra, reino de dissoluções.

§ Aproximar o assombro do fragmento. O fragmento como grafia do assombro. O fragmento a renovar os assombros. Solavancos e lumes. Um livro: constelação de lampejos. Exercitar o estado de inocência para assombrar-se, sempre.

§ Quem saiba eu possa explodir em um milhão de fragmentos escritos e, depois de tanto, mudez, nudez.

10. Perambulações. Sábado à noite, sozinho, fumaça pela boca: caminho no frio e no duro para destilar o que aperta o peito. Lua minguante, barulho de moto, do palmilhar seco do meu tênis no asfalto rachado; exalação fria e a lembrança daquela senhora, nem casada, nem viúva, feição agridoce de uma solidão de décadas. Suspenso entre extremos, que se mostram tão próximos: entro no culto da igreja ou compro um cigarro avulso? Continuo; exalo, pouco mais quente, observo pequeno, rente ao chão: folhas bronze e sachês de ketchup. Ilha fria, vazia, soturna: hoje sou eu esta ilha. Grande mundo de dádivas, de destroços: eu no meio — e um vira-lata preto, ainda filhote, que me segue por nove quarteirões.

postes de luz
só duas estrelas no céu —
angústia entre

§ Caminho e fito: toda a cidade é uma crosta de matéria dura cravada sobre a riqueza úmida dos compostos orgânicos, bactérias, fungos, micro-organismos. O ônibus passa, grosso, e despeja fumaça: quase cinco da tarde, o motorista, suponho, quer logo chegar ao terminal e tirar cinco minutos para verter o café passado, fumegante, três colheres de açúcar, servido em copo plástico transparente, pois, viciados no cafezinho da manhã, do pós-almoço, do fim da tarde e do pós-janta, os nervos do motorista, a esta altura, já berram a abstinência. Aquele senhor de sempre, dia simpático, outro não, está parado em frente ao portão da sua casa.

corcunda e surdo
o velho de cachecol
bebe chimarrão

§ Caminhar sob o frio, próximo à vegetação densa, gélida e silenciosa, logo pela manhã — mãos nos bolsos, ponta do nariz gelada, fumaça pela boca —, é a imediata e perfeita fusão entre conforto e desconforto, satisfação e incômodo, esforço e prazer. Atento-me a cada ar frio que entra pelo nariz, percorre os pulmões e, morno, é exalado. Caminhar sob o frio, logo pela manhã, propicia uma outra forma de atenção — mais dura, aguda. Paro no ponto de ônibus. Exalo, relaxo, reparo. Sinto frio, mas ele é bom.

manhã gelada —
velhos bêbados nos bancos
burgueses correm

§ Frio, já é noite. Ando e ninguém me vê. Calçada saliente: adoro quando as raízes de velhas árvores levantam o asfalto.

dezoito horas —
soa o sino da igreja
dois pardais se assustam

§ Quebro a outra esquina e a fragrância me assalta: a dama-da-noite me dá boas-vindas. Vou até ela, vidrado, feito morcego na busca da polinização. Enfio meu rosto magro nas suas folhas e flores carregadas: agora, feito vira-lata, cafungo, profundo, sem ter noção da hora.

dama-da-noite
que impregna a calçada
me faz vira-lata

Copyright © 2024 Felipe Moreno

Todos os direitos reservados. Nenhuma parte desta obra pode ser reproduzida, arquivada ou transmitida de nenhuma forma ou por nenhum meio sem a permissão expressa e por escrito da Editora Fósforo.

DIREÇÃO EDITORIAL Fernanda Diamant e Rita Mattar
COORDENAÇÃO DA COLEÇÃO E EDIÇÃO Tarso de Melo
COORDENAÇÃO EDITORIAL Juliana de A. Rodrigues
ASSISTENTE EDITORIAL Rodrigo Sampaio
REVISÃO Eduardo Russo
DIRETORA DE ARTE Julia Monteiro
IMAGEM DE CAPA *Mangá*, de Katsushika Hokusai (1760-1849)
PROJETO GRÁFICO Alles Blau
EDITORAÇÃO ELETRÔNICA Página Viva

Dados Internacionais de Catalogação na Publicação (CIP)
(Câmara Brasileira do Livro, SP, Brasil)

Moreno, Felipe
 O clarão das frestas : dez lições de haicai encontradas na rua / Felipe Moreno.. — São Paulo : Círculo de Poemas, 2024.

 ISBN: 978-65-6139-015-6

 1. Haicais 2. Poesia brasileira I. Título.

24-225408   CDD — B869.1

Índice para catálogo sistemático:
1. Poesia haicai : Literatura brasileira   B869.1

Eliane de Freitas Leite — Bibliotecária — CRB-8/8415

circulodepoemas.com.br
fosforoeditora.com.br

Editora Fósforo
Rua 24 de Maio, 270/276, 10º andar
01041-001 — São Paulo/SP — Brasil

A marca FSC® é a garantia de que a madeira utilizada na fabricação do papel deste livro provém de florestas gerenciadas de maneira ambientalmente correta, socialmente justa e economicamente viável e de outras fontes de origem controlada.

CÍRCULO DE POEMAS

LIVROS

1. **Dia garimpo.** Julieta Barbara.
2. **Poemas reunidos.** Miriam Alves.
3. **Dança para cavalos.** Ana Estaregui.
4. **História(s) do cinema.** Jean-Luc Godard (trad. Zéfere).
5. **A água é uma máquina do tempo.** Aline Motta.
6. **Ondula, savana branca.** Ruy Duarte de Carvalho.
7. **rio pequeno. floresta.**
8. **Poema de amor pós-colonial.** Natalie Diaz (trad. Rubens Akira Kuana).
9. **Labor de sondar [1977-2022].** Lu Menezes.
10. **O fato e a coisa.** Torquato Neto.
11. **Garotas em tempos suspensos.** Tamara Kamenszain (trad. Paloma Vidal).
12. **A previsão do tempo para navios.** Rob Packer.
13. **PRETOVÍRGULA.** Lucas Litrento.
14. **A morte também aprecia o jazz.** Edimilson de Almeida Pereira.
15. **Holograma.** Mariana Godoy.
16. **A tradição.** Jericho Brown (trad. Stephanie Borges).
17. **Sequências.** Júlio Castañon Guimarães.
18. **Uma volta pela lagoa.** Juliana Krapp.
19. **Tradução da estrada.** Laura Wittner (trad. Estela Rosa e Luciana di Leone).
20. **Paterson.** William Carlos Williams (trad. Ricardo Rizzo).
21. **Poesia reunida.** Donizete Galvão.
22. **Ellis Island.** Georges Perec (trad. Vinícius Carneiro e Mathilde Moaty).
23. **A costureira descuidada.** Tjawangwa Dema (trad. floresta).
24. **Abrir a boca da cobra.** Sofia Mariutti.
25. **Poesia 1969-2021.** Duda Machado.
26. **Cantos à beira-mar e outros poemas.** Maria Firmina dos Reis.
27. **Poema do desaparecimento.** Laura Liuzzi.
28. **Cancioneiro geral [1962-2023].** José Carlos Capinan.
29. **Geografia íntima do deserto.** Micheliny Verunschk.
30. **Quadril & Queda.** Bianca Gonçalves.
31. **A água veio do Sol, disse o breu.** Marcelo Ariel.
32. **Poemas em coletânea.** Jon Fosse (trad. Leonardo Pinto Silva).
33. **Destinatário desconhecido.** Hans Magnus Enzensberger (trad. Daniel Arelli).
34. **O dia.** Mailson Furtado.
35. **O kit de sobrevivência do descobridor português no mundo anticolonial.** Patrícia Lino.

PLAQUETES

1. **Macala.** Luciany Aparecida.
2. **As três Marias no túmulo de Jan Van Eyck.** Marcelo Ariel.
3. **Brincadeira de correr.** Marcella Faria.
4. **Robert Cornelius, fabricante de lâmpadas, vê alguém.** Carlos Augusto Lima.
5. **Diquixi.** Edimilson de Almeida Pereira.
6. **Goya, a linha de sutura.** Vilma Arêas.
7. **Rastros.** Prisca Agustoni.
8. **A viva.** Marcos Siscar.
9. **O pai do artista.** Daniel Arelli.
10. **A vida dos espectros.** Franklin Alves Dassie.
11. **Grumixamas e jaboticabas.** Viviane Nogueira.
12. **Rir até os ossos.** Eduardo Jorge.
13. **São Sebastião das Três Orelhas.** Fabrício Corsaletti.
14. **Takimadalar, as ilhas invisíveis.** Socorro Acioli.
15. **Braxília não-lugar.** Nicolas Behr.
16. **Brasil, uma trégua.** Regina Azevedo.
17. **O mapa de casa.** Jorge Augusto.
18. **Era uma vez no Atlântico Norte.** Cesare Rodrigues.
19. **De uma a outra ilha.** Ana Martins Marques.
20. **O mapa do céu na terra.** Carla Miguelote.
21. **A ilha das afeições.** Patrícia Lino.
22. **Sal de fruta.** Bruna Beber.
23. **Arô Boboi!** Miriam Alves.
24. **Vida e obra.** Vinicius Calderoni.
25. **Mistura adúltera de tudo.** Renan Nuernberger.
26. **Cardumes de borboletas: quatro poetas brasileiras.** Ana Rüsche e Lubi Prates (orgs.).
27. **A superfície dos dias.** Luiza Leite.
28. **cova profunda é a boca das mulheres estranhas.** Mar Becker.
29. **Ranho e sanha.** Guilherme Gontijo Flores.
30. **Palavra nenhuma.** Lilian Sais.
31. **blue dream.** Sabrinna Alento Mourão.
32. **E depois também.** João Bandeira.
33. **Soneto, a exceção à regra.** André Capilé e Paulo Henriques Britto.
34. **Inferninho.** Natasha Felix.
35. **Cacto na boca.** Gianni Gianni.

Que tal apoiar o Círculo e receber poesia em casa?

O que é o Círculo de Poemas? É uma coleção que nasceu da parceria entre as editoras Fósforo e Luna Parque e de um desejo compartilhado de contribuir para a circulação de publicações de poesia, com um catálogo diverso e variado, que inclui clássicos modernos inéditos no Brasil, resgates e obras reunidas de grandes poetas, novas vozes da poesia nacional e estrangeira e poemas escritos especialmente para a coleção — as charmosas plaquetes. A partir de 2024, as plaquetes passam também a receber textos em outros formatos, como ensaios e entrevistas, a fim de ampliar a coleção com informações e reflexões importantes sobre a poesia.

Como funciona? Para viabilizar a empreitada, o Círculo optou pelo modelo de clube de assinaturas, que funciona como uma pré-venda continuada: ao se tornarem assinantes, os leitores recebem em casa (com antecedência de um mês em relação às livrarias) um livro e uma plaquete e ajudam a manter viva uma coleção pensada com muito carinho.

Para quem gosta de poesia, ou quer começar a ler mais, é um ótimo caminho. E para quem conhece alguém que goste, uma assinatura é um belo presente.

CÍRCULO DE POEMAS

Este livro foi composto em GT Alpina e GT Flexa e impresso pela gráfica Ipsis em setembro de 2024. Pinçar das frestas da cidade o que não é fruto da cidade.